AF310431

CATALOGUE

DE

VIGNETTES

DE L'ÉCOLE FRANÇAISE DU XVIIIᵉ SIÈCLE

D'APRÈS

FRAGONARD

POUR LES CONTES DE LAFONTAINE

EN ÉPREUVES D'EAU-FORTE ET AVANT LA LETTRE

MOREAU, EISEN, COCHIN, ETC.

LIVRES & DESSINS [Baron R. Portalis]

Dont la vente aux enchères publiques aura lieu

HOTEL DES COMMISSAIRES-PRISEURS, RUE DROUOT, Nᵒ 5

SALLE Nᵒ 4

Le Lundi 14 Juin 1880

A DEUX HEURES TRÈS PRÉCISES

Par le ministère de Mᵉ **MAURICE DELESTRE**, Commissaire-Priseur,
27, rue Drouot, 27.

Assisté de **M. CLEMENT**, Marchand d'Estampes de la Bibliothèque Nationale,
rue des Saints-Pères, 3.

EXPOSITION AVANT LA VENTE

DE UNE HEURE A DEUX HEURES

—

PARIS — 1880

CONDITIONS DE LA VENTE

Elle sera faite au comptant.

Les adjudicataires payeront *cinq pour cent* en sus des enchères.

L'Expert, chargé de la vente, se réserve la faculté de rassembler ou de diviser les lots.

Paris. — Typ. PILLET et DUMOULIN, 5, rue des Grands-Augustins.

DÉSIGNATION

PORTRAITS ET VIGNETTES

ANONYME

1 — Marie-Thérèse, impératrice d'Autriche. Au-dessous, le buste de la reine Marie-Antoinette dans un médaillon. In-8, publié en Angleterre.

    Très belle épreuve. Rare.

BRUYS (J.)

2 — Vergennes (le comte de). Dessin. In-18, à l'encre de Chine, accompagné de la gravure, en épreuve avant toute lettre. Marge.

BOLT

3 — Mecklembourg (la princesse de). In-8, en bistre.

    Très rare épreuve d'essai, imprimée au recto et au verso. Marge.

BOUCHER (F.) d'après

4 — Suite complète de trente-trois gravures in-4, gravées par Laurent Cars, et un portrait de Molière d'après Coypel, gravé par Lépicié pour les œuvres de Molière. Édition in-4 de 1734.

    Très belles épreuves de format petit in-fol., en vol. rel. veau fauve, plus quatre culs-de-lampe, d'après Blondel.

CATHELIN

5 — Marie-Antoinette, archiduchesse d'Autriche, reine de France, d'après Fredou. In-fol.

    Très belle épreuve. Rare.

CHODOWIECKI (D.)

6 — Suite de vingt gravures in-8, pour Clarisse Harlowe.
Très belles épreuves.

CHOFFARD (P. P.)

7 — Titre du catalogue du cabinet Neyman.

Très rare épreuve avant la lettre, toute marge.

8 — Adresse de Lattré, graveur.

Très belle et rare épreuve avant la lettre. Marge.

9 — Fleuron de titre et culs-de-lampe, pour les Contes de Lafontaine. Édition des fermiers généraux, trois pièces.

Très belles épreuves avant la lettre. Grandes marges.

10 — Guirlande de fleurs et rubans, pour une adresse.

Très belle épreuve avant la lettre. Marge.

COCHIN (C. N.)

11 — Estampe allégorique pour la convalescence de Mme de Pompadour. Voir la description de cette pièce dans le catalogue de l'œuvre de Cochin, par Jombert, n° 278.

Superbe épreuve. Très rare.

12 — Vignettes in-8, gravées par Née et De Launay, pour l'Origine des Grâces. Deux pièces.

Rares épreuves avant la lettre, une est avant beaucoup de travaux et avant la bordure.

13 — Vignettes in-8, pour Roland furieux. Six pièces.

Très rares épreuves avant toutes lettres, à l'état d'eau-forte, marge, une est remargée.

14 — Suite de quatre vignettes in-8, pour *Mon Odyssée*, ou mon voyage de Saintonge, d'après Desfriches.

Très rares épreuves avant la lettre, à l'état d'eau-forte, remargées.

15 — Marmontel. In-8.

Épreuve avant toute lettre.

COCHIN et EISEN

16 — Vignettes et en-tête, gravés par Gaucher, Ponce, Prevost et Delaunay, pour une édition de Télémaque, avec texte gravé par Drouet. 1776, 5 pièces.

Très belles épreuves, avant la lettre.

COCHIN, MONNET, etc.

17 — Vignettes pour les Métamorphoses d'Ovide, Roland furieux, etc. 5 pièces.

Très belles épreuves avant la lettre.

COCHIN et MONSIAU

18 — Vignettes grand in-4. pour les œuvres de J.-J. Rousseau. 5 pièces.

Très rares épreuves avant la lettre, à l'état d'eau-forte, trois ont de grandes marges.

18 *bis.* — Vignettes grand in-4, gravées par N. Le Mire, Ponce, Trière, Dupréel, Halbou, etc., pour les Œuvres de J.-J. Rousseau. Vingt et une pièces y compris le portrait.

Superbes épreuves avant la lettre, presque toutes avec très grandes marges.

DE LAUNAY (N.)

19 — Tressan (le comte de). In-8.

Très rare épreuve avant toute lettre et avant beaucoup de travaux. Marge.

DESRAIS (d'après)

20 — Vignettes in-18, gravées par Deny, pour illustration des Contes de Lafontaine.

Très belles épreuves, dont sept avant les numéros. Marges.

DESROCHERS

21 — Portraits de poètes français du XVIIᵉ siècle. Dix-neuf pièces.

Belles épreuves, avec marge.

DIVERS

22 — Deux en-têtes de pages pour les Contes des fées de Perrault. Édition de 1781. Deux pièces imprimées en rouge.

Belles épreuves avant la lettre.

23 — Vignettes d'après Cochin, Le Barbier. Queverdo etc., pour illustration de divers ouvrages. Six pièces.

Très rares épreuves, à l'état d'eau-forte.

24 — Portraits d'artistes, pour orner un exemplaire des dessinateurs d'illustrations, Ch. de Mechel, — Simon Belle, — W. Hogarth, — J.-B. Massé, — D. Chodowiecki, — Gessner, — Cipriani, — Bartolozzi, — Parrocel, — S.-R. Baudouin, — le comte de Caylus, — J.-B. Descamps, — J.-F. De Troy. 16 portraits, d'après Cochin et autres.

Très belles épreuves.

DUPLESSIS-BERTAUX

25 — Vignettes in-18, pour les Petits conteurs. Édition Cazin.

Très belles épreuves avant la lettre. Petites marges.

ÉCOLE FRANÇAISE DU XVIII° SIÈCLE

26 — Le Départ de Chérubin, pièce rare et curieuse, en couleur, pour le Mariage de Figaro.

27 — Divers titres et frontispices par Monnet, Picard, Marillier, etc. Six pièces.

Très belles épreuves. Deux sont avant la lettre.

EISEN (Ch.), d'après

28 — Vignette frontipice, avec portrait de Montesquieu, gravé par Le Mire, pour le temple de Gnide.

Très rare épreuve non terminée, avant la rose et le portrait de Montesquieu, à l'eau-forte, très rare, remontée.

29 — Elle appela les grâces : allez la couronner. Vignette in-8, gravée par Le Mire, pour le Temple de Gnide, par Montesquieu.

Superbe et très rare épreuve avant toute lettre, à l'état d'eau-forte. Grandes marges.

EISEN (Ch.) d'après

62 30 — Vignette in-8, pour l'Isle merveilleuse, poème de Dorat.
Très rare épreuve avant toute lettre, à l'état d'eau-forte. 20

6 31 — Frontispice, gravé pour Legrand, pour Irza et Marsis de Dorat.
Très belle épreuve avant la lettre. Marge.

32 — Deux en-têtes, gravés par Ponce, pour : Les quatre parties du jour, poème traduit de l'allemand de M. Zacharie. Paris, 1769. 50
Très belles épreuves avant la lettre. Marges.

33 — Fleurons et en-tête, gravés par Massard, pour les Odes d'Anacréon. (1773). 4
Très belles épreuves avant la lettre. Deux ont de grandes marges.

2 34 — Vignettes et en-tête de pages, gravées par De Longueil, Ponce, etc., pour les œuvres de Baculard d'Arnaud.
Très belles épreuves avant la lettre.

35 — Vignette in-8, et en-tête de page pour : Narcisse dans l'Isle de Vénus.
Très belles épreuves avant la lettre.

36 — Suite complète de dix vignettes, en-têtes de pages gravés par De Longueil pour une édition de la Henriade.
Très belles et rares épreuves avant la lettre, toutes marges.

37 — Fleurons gravés par Baquoy, Le Mire, Sornique, etc. Huit pièces. 10
Bonnes épreuves, avec marge.

38 — Marie-Antoinette, dauphine, couronnée par les Grâces. In-8.
Belle épreuve. Marge.

EISEN, GRAVELOT, BERTAUX, etc.

39 — Vignettes et culs-de-lampe pour les Saisons, Les Petits Conteurs, La Jérusalem délivrée, etc. Neuf pièces.
Très belles épreuves avant la lettre. Une est double, à l'état d'eau-forte.

FRAGONARD (H.), d'après

40 — Suite complète de vingt gravures in-4, gravées par divers artistes, pour illustrer les Contes de Lafontaine. Édition in-4. de Didot, 1795.

Superbes et très rares épreuves avant la lettre, grandes marges, de la plus grande fraîcheur.

41 — Joconde (le départ).

Très rare épreuve avant toute lettre, à l'état d'eau-forte, remargée.

42 — Joconde (l'anneau).

Très beau dessin original de Mallet, à l'aquarelle gouachée.

43 — Joconde (l'anneau), gravure du dessin ci-dessus.

Très rare épreuve avant la lettre, à l'état d'eau-forte. Grandes marges.

44 — Le Cocu battu et content.

Très rare épreuve à l'état d'eau-forte, de la planche qui n'a pas été terminée, la femme est plus haute d'un demi-centimètre. Grandes marges.

45 — La même composition.

Très rare épreuve avant toute lettre, à l'état d'eau-forte (de la planche terminée). Grandes marges.

46 — Le Mari confesseur, par Tilliard.

Très rare épreuve avant toute lettre, à l'état d'eau-forte. Grandes marges.

47 — Le Savetier.

Très rare épreuve avant toute lettre, à l'état d'eau-forte et avec le sein de la femme couvert. Grandes marges.

48 — Le Paysan qui avait offensé son seigneur, par C.-L. Lingée.

Très rare épreuve, intermédiaire entre l'eau-forte et les épreuves terminées avant la lettre. Les noms des artistes sont en bas, gravés à la pointe, avant beaucoup de travaux. Marge.

49 — La Gageure des trois commères (scène du lit).

Très rare épreuve avant toute lettre, à l'état d'eau forte, remargée.

50 — Le Calendrier des vieillards, par Dambrun.

Très rare épreuve avant toute lettre, à l'état d'eau-forte. Grandes marges.

FRAGONARD (H.), d'après

51 — A femme avare, galant escroc, par Alliamet.
Très rare épreuve avant toute lettre, à l'état d'eau-forte, remargée.

52 — On ne s'avise jamais de tout, par Patas.
Très rare épreuve avant toutes lettres, à l'état d'eau-forte. Grandes marges.

53 — Le Gascon puni, par Halbou.
Très rare épreuve avant toute lettre, à l'état d'eau-forte. Grandes marges.

54 — La Fiancée du Roi de Garbe.
Très rare épreuve avant toute lettre, à l'état d'eau-forte. Grandes marges. Dans la marge, à droite, un croquis du dessinateur, pour indication au graveur.

55 — La Coupe enchantée, gravé par Dupréel.
Très rare épreuve avant toute lettre, à l'état d'eau-forte. Grandes marges.

56 — Le Faucon, gravé par Tilliard.
Très rare épreuve avant toutes lettres, à l'état d'eau-forte. Grandes marges.

57 — Belphégor, gravé par A. J. Duclos.
Très rare épreuve avant la lettre, à l'état d'eau-forte. Marge.

58 — Pâté d'anguilles, gravé par Patas.
Très rare épreuve avant toute lettre, à l'état d'eau-forte. Grandes marges.

59 — Le Magnifique, gravé par Tilliard.
Très rare épreuve avant toute lettre, à l'état d'eau-forte. Grandes marges.

60 — La Matrone d'Ephèse, gravé par A. J. Duclos.
Très rare épreuve avant la lettre, à l'état d'eau-forte. Marge.

61 — Le Baiser rendu, gravé par Lingée.
Très rare épreuve avant la lettre, à l'état d'eau-forte. Petite marge.

62 — Le Muletier.
Très rare épreuve avant toute lettre, à l'état d'eau-forte. Grandes marges.

FRAGONARD (H.), d'après

63 — La Gageure des trois commères (le poirier).
Très belle épreuve terminée, avant la lettre. Très rare, grandes marges.

64 — La Gageure des trois commères (le fil).
Belle épreuve avant toutes lettres.

65 — La Fiancée du Roi de Garbe, par L. Petit. (Le Serment.)
Très rare épreuve avant la lettre, à l'état d'eau-forte. Grandes marges.

66 — La même estampe.
Très belle épreuve avant la lettre, terminée. Rare, marges.

67 — La Fiancée du Roi de Garbe. (Le Chevalier.)
Très rare épreuve avant toutes lettres, à l'état d'eau-forte. Grandes marges.

68 — La Clochette, par Dambrun.
Très rare épreuve avant toute lettre, à l'état d'eau-forte. Marge.

69 — La même estampe.
Belle épreuve terminée, avant la lettre.

70 — Alix malade.
Très belle épreuve avant la lettre, très rare. Grandes marges.

71 — Le Juge de Mesle, par Dambrun.
Très rare épreuve avant toute lettre, à l'état d'eau-forte. Grandes marges.

72 — La même estampe terminée.
Très belle épreuve avant la lettre. Grandes marges. Rare.

73 — L'Hermite.
Très belle épreuve avant toute lettre, à l'état d'eau-forte. Extrêmement rare. Grandes marges.

FRAGONARD (H.), d'après

(Gravures par divers artistes, pouvant servir à illustrer les mêmes contes.)

74 — Frère Luce, gravé à l'eau forte par Pierre, d'après Subleyras.
Belle épreuve, remargée.

FRAGONARD (H.), d'après

75 — L'Amant muletier. In-4 en couleur. Rare.

76 — Le Bât. Gravure anglaise au pointillé, en couleur.
Belle épreuve, remargée.

77 — Le Cocu sera battue et contant, gravure coloriée,
curieuse, avec pièce rapportée. Grand in-8, très-rare.

FRAGONARD (H.), d'après

(Dessins par divers artistes, pouvant servir à illustrer les mêmes contes.)

78 — Le Cas de Conscience. Dessin à l'encre de Chine de
Gabriel de Saint-Aubin, signé et daté du 17 juillet 1760,
et retouché en 1775, provient de la vente Fourqueveaux,
in-4.

79 — La Gageure des trois commères (le poirier). Dessin au
crayon noir par Challe. In-4.

80 — Le Cuvier. Dessin au crayon noir, par Challe, in-4.

81 — La Fiancée du Roi de Garbe, croquis au crayon noir,
par Fragonard.

82 — La Gageure des trois commères, — le Calendrier des
Vieillards, — les Deux Amis, — les Rémois, — la Cour-
tisane amoureuse, — le Contrat, — le Rossignol. Sept
dessins in-4, à la sépia, lavés d'aquarelle, par Baudet-
Bauderval.

GAUCHER (Ch. Et.)

83 — *Cervantes*, d'après F. M. Queverdo (P. et D. 38).
Très belle épreuve. Marge.

84 — Lamoignon-Malesherbes (Chrétien-Guillaume de). (P. et
D. 107.)
Très rare épreuve du 1er état, avant toutes lettres, la tablette blanche,
les inscriptions manuscrites.

85 — En-tête et cul-de-lampe pour les œuvres de Saint-Marc,
1772, d'après Eisen (170).
Superbes épreuves avant la lettre. Grandes marges

GAUCHER (Ch. Et.)

86 — Portraits de Charles, duc d'Orléans, — Soret, — Baïf,
— Mellin de Saint-Gelais, — Sainte-Marthe, — Passerat,
— Monnier (le général), sept pièces.

Très belles épreuves.

GAVARNI, JANET-LANGE, MARCKL etc.

87 — Vignettes pour la Peau de chagrin de Balzac, 77 pièces
Très belles épreuves.

GÉRARD (Le baron)

88 — Trois Gouaches, de format in-4, pour illustration du
Virgile de Didot. (Eaux-fortes gouachées.)

GILLRAY (J.)

89 — Caricatures anglaises, en couleur, trente-deux pièces.

GRAVELOT (H.)

90 — Vignettes in-8, pour la Gerusalemme liberata, dix-sept
pièces.

Très belles épreuves.

91 — Vignettes in-8, gravées par Pasquier et Fessard, pour
Tom Jones, quinze pièces.

Belles épreuves.

LE BARBIER (d'après)

92 — Une vignette in-8, pour le Roman comique de Scarron.
Très rare épreuve avant toute lettre, à l'état d'eau-forte.

LE BARBIER et Mlle GÉRARD (d'après)

93 — Neuf vignettes, in-8, gravées par Pauquet, Trière, Simonet, etc., pour les Liaisons dangereuses, par Choderlos de
Laclos, neuf pièces.

Très rares épreuves avant la lettre, à l'état d'eau-forte. Marges, sauf
deux qui sont remargées.

LE BARBIER et Mlle GÉRARD (d'après)

94 — Huit pièces pour le même ouvrage.
Très belles épreuves, dont trois avant la lettre.

LE BEAU

95 — Dutey (Mlle), d'après l'Aîné.
Belle épreuve.

LE MIRE (N.)

96 — Pétrarque, petit buste dans un médaillon, d'après Dorlu.
Très belle épreuve avant la lettre. Marge.

LEVESQUE (C.)

97 — Lavrillière (le duc de), d'après Vanloo, in-4.
Superbe épreuve avant la lettre. Marge.

MARILLIER

98 — Vignettes in-4, pour les Mille et une nuits, quinze pièces.
Très belles épreuves. Marges.

MASSARD

99 — Vignette in-8, pour l'Heureux jour? conte par Dorat.
Très rare épreuve à l'état d'eau-forte, remargée.

MONNET (d'après)

100 — Salmacis et Hermaphrodite, gravé par Vidal.
Très rare épreuve à l'état d'eau-forte.

MOREAU (J.-M.)

101 — Titre gravé par Moreau, pour l'Innocence du premier âge ou histoire amoureuse de Pierre Le Long et de Blanche Bazu, suivie de la Rose ou la fête de Salency et de l'Isle-d'Ouessant.
Très belle et rare épreuve avant la lettre, à l'état d'eau-forte. Marge.

MOREAU (J.-M.)

102 — La Malédiction paternelle, — Le Fils puni. Deux pièces in-8, en largeur, d'après Greuze.

Belles épreuves, encadrées.

103 — Mort de Séjan, gravé à l'eau-forte, par Giraud (pour les Satires de Juvénal).

Très rare épreuve avant toute lettre, à l'état d'eau-forte. Toute marge.

104 — Suite complète de vingt-six gravures in-8, dont un portrait, plus le Passage du torrent, d'après Heina, pour les œuvres complètes de Lafontaine, de Lefèvre, 1814.

Très belles épreuves avant la lettre. Plusieurs pièces sont remargées et une est de l'édition de 1822.

105 — Vingt-six pièces de la suite précédente.

Très belles épreuves, dont dix-sept avant la lettre.

106 — Huit pièces de la suite précédente, pour les Contes.

Très rares épreuves avant la lettre, à l'état d'eau-forte. Marges.

107 — Le Dépit amoureux, par A.-J. Duclos.

Très rare épreuve avant toute lettre, à l'état d'eau-forte. Grandes marges. Cette pièce et les treize suivantes sont tirées de la suite faite pour illustration des œuvres de Molière. Édition de Bret.

108 — L'École des femmes, gravé par D. Née.

Très rare épreuve avant toute lettre, à l'état d'eau-forte. Marge.

109 — La Critique de l'École des femmes, par J.-B. Simonet.

Très rare épreuve avant la lettre, remargée.

110 — L'École des Maris.

Très rare épreuve avant toute lettre, à l'état d'eau-forte. Grande marge.

111 — Les Fâcheux, par E. de Ghendt.

Très belle épreuve avant la lettre. Grandes marges.

112 — Les Fourberies de Scapin, gravé par J. Le Veau.

Très rare épreuve avant toute lettre, à l'état d'eau-forte. Grandes marges.

113 — La même pièce.

Très belle épreuve avant la lettre. Grandes marges.

MOREAU (J.-M.)

114 — George Dandin, gravé par J. Le Veau.
Très rare épreuve avant toute lettre, à l'état d'eau-forte, remargée.

115 — L'Impromptu de Versailles, gravé par Masquelier et Née.
Très rare épreuve avant la lettre, à l'état d'eau-forte, remontée.

116 — La même estampe.
Très belle épreuve avant la lettre. Grandes marges.

117 — Le Mariage forcé, gravé par D. Née.
Très belle épreuve avant la lettre. Marge.

118 — Les Précieuses ridicules, gravé par D. Née.
Très rare épreuve avant toute lettre, à l'état d'eau-forte, remontée.

119 — Sganarelle, ou le Cocu imaginaire, gravé par N. De Launay.
Très belle épreuve avant la lettre. Grandes marges.

120 — Le Tartuffe, gravé par J.-B. Simonet.
Très belle épreuve avant la lettre. Grandes marges.

121 — Suite de dix gravures in-8, pour : Histoire philosophique et politique des établissements et du commerce des Européens dans les deux Indes, par G. Th. Raynal.
Bonnes épreuves.

122 — Titre pour : Catalogue de tableaux, dessins..... après le décès de Mgr le prince de Conti, par P. Remy, 1777, gravé par Martini.
Très rare épreuve avant la lettre, état non décrit.

123 — Frontispice allégorique pour la Nouvelle Héloise, gravé par Duclos.
Très belle et rare épreuve avant la lettre, à l'état d'eau-forte. Marge. Cette pièce et les cinq suivantes font partie des œuvres de Rousseau. Édition in-4, 1774-1783.

124 — Saint-Preux, Mylord Edouard et M. d'Orbe dans une chambre, gravé par Duclos.
Très belle et rare épreuve avant la lettre, à l'état d'eau-forte. Marge.

MOREAU (J.-M.)

125 — Chacun respecte le travail des autres, afin que le sien soit en sûreté, gravé par P.-P. Choffard.

Très belle et rare épreuve avant la lettre, à l'état d'eau-forte. Marge.

126 — La Confiance des belles âmes, gravé par Duclos.

Très belle et rare épreuve avant toute lettre, à l'état d'eau-forte. Petites marges.

127 — La Découverte du nouveau monde, gravé par Duflos.

Très rare épreuve avant la lettre, à l'état d'eau-forte. Grandes marges.

128 — Frontispice allégorique pour la Nouvelle Héloise. — Sophie, remettez-vous. Deux pièces gravées par Duclos et De Launay.

Très belles épreuves avant les numéros. Marges.

129 — Quatre vignettes in-8, gravées par Simonet, Prevost et De Launay, pour les Saisons de Saint-Lambert.

Très belles épreuves avant la lettre. Deux ont de grandes marges et deux sont remargées.

130 — Vignette in-8, gravée par Martini, pour Zimeo, comte de Saint-Lambert, joint aux Saisons.

Très rare épreuve avant la lettre, à l'état d'eau-forte.

131 — Suite complète de vingt et une gravures in-8, pour La Pucelle de Voltaire. Édition de Kehl.

Belles épreuves, avec marge, plus une vignette pour la Henriade.

132 — Vignette in-4, gravé par Helman pour la Henriade.

Très belle épreuve avant la lettre. Grandes marges.

133 — Marie-Antoinette, reine de France, buste de profil à gauche gravé par Gaucher, pour les Annales de Marie-Thérèse.

Superbe épreuve avant la lettre. Marge.

154 — Miromesnil (Hue de), allégorie, gravé par N. Le Mire. In-8, en largeur.

Très belle épreuve.

MOREAU (J.-M.)

135 — Déclaration de la grossesse, — N'ayez pas peur, ma bonne amie, — C'est un Fils, Monsieur, — Les Petits Parrains, — Les Délices de la Maternité, — Le Rendez-vous pour Marly, — La Rencontre au bois de Boulogne. Sept pièces réduction in-8. de la deuxième suite d'estampes du Costume physique et moral au XVIII⁰ siècle.

> Très belles épreuves, avec marge.

136 — N'ayez pas peur ma bonne amie, — Les Tuileries, — Le Boudoir d'après Freudeberg. Trois pièces

> Très belles épreuves. Une est avant beaucoup de travaux.

137 — Frontispice allégorique, pour : Tableaux topographiques, pittoresques, physiques, historiques, moraux, politiques, littéraires de la Suisse, par Laborde, 1780, gravé par Née.

> Très rare épreuve avant toute lettre, à l'état d'eau-forte. Grandes marges.

138 — Le Curtius français ou la mort du chevalier d'Assas, gravé par J.-B. Simonet.

> Superbe épreuve avant la lettre, belle marge.

MOREAU, EISEN, MONNET, CIPRIANI, etc.

139 — Vignettes in-8, pour Roland furieux de Lodovico Ariosto. Quarante-six pièces.

> Très belles épreuves.

140 — Vignettes pour le même livre. Quarante-six pièces et le portrait.

> Très belles épreuves, toutes marges.

PETIT (L.)

141 — Crébillon (Prosper Joliot de), d'après Peyron. Trois épreuves, à l'eau-forte, avant la lettre sur blanc et avant la lettre sur vélin.

PRUD'HON (P. P.), d'après

142 — L'Égalité, gravé par Copia.

Belle épreuve, avec marge.

143 — Suite complète de six vignettes in-8, gravées par Copia, pour la Nouvelle Héloise de J.-J. Rousseau.

Très belles épreuves. Dans cette suite, se trouve le premier baiser de l'amour.

RANSONNETTE

144 — Vignettes in-8, pour illustration du Lazarille de Tormes. Quarante pièces.

Belles épreuves.

SAINT-AUBIN (Aug. de)

145 — Gluck, célèbre compositeur de musique, in-8.

Très belle épreuve. Marge.

146 — Rebecque (La Baronne de). (E.-B. 232).

Superbe épreuve avec marge. Rare.

147 — Rousseau (Jean Jacques), d'après de la Tour. In-4.

Très belle épreuve.

148 — Le Baiser envoyé, d'après Greuze. (E.-B., 464).

Très rare épreuve du 1er état, à l'eau-forte.

TARDIEU (A.)

149 — Voltaire (François-Marie-Arouet de), d'après Houdon. In-8.

Très rare épreuve avant la lettre. Grande marge.

LIVRES

150 — Le Décameron de Jean Boccace, Londres, 1757-1761. Cinq vol. in-8, demi-rel. mar., brun d'après Gravelot et Boucher.

151 — Les Amours | de Psyché | et | de Cupidon, | avec le poème d'Adonis, | par La Fontaine. | Édition ornée de figures dessinées par Moreau le jeune, et gravées sous sa direction. Paris, Saugrain, l'an V-1797. 2 vol. in-12, mar. ch., tr. dor., papier vélin.

Très bel exemplaire, avec les figures avant la lettre.

152 — Paul et Virginie, par Jacques-Bernardin-Henri de Saint-Pierre. A Paris, de l'imprimerie de Monsieur, 1789. 1 vol. in-12, broché, non rogné, figures d'après Moreau et Vernet.

153 — Les Géorgiques de Virgile, traduites en vers français par De Lille. Édition à laquelle on a joint le texte latin, avec les notes et les variantes. A Paris, de l'imprimerie de Didot jeune. 1 vol. gr. in-8, mar. rouge ancien, dent. tr. dor. aux armes, figures d'après Eisen.

DESSINS

CARÊME?

154 — Allégorie du vin. 3 dessins en forme de frise.

Au lavis d'encre de Chine.

CHASSELAT

155 — Trois dessins in-8, pour illustration d'un roman.

A la sépia, signés et datés 1818.

COCHIN (C. N.)

156 — Étude pour le port du Havre, avec nombreux personnages.

Beau dessin à la plume et lavis d'encre de Chine.

COCHIN (C. N.)

157 — Croquis pour les quatre arts poétiques, 1771.

Au crayon noir.

158 — Louis XV arme Monseigneur le Dauphin au champ de Fontenoy, 1745,

Très joli dessin au lavis d'encre de Chine et de bistre, accompagné de la gravure.

159 — Croquis divers pour les comédies de Térence, le Télémaque, le frontispice des pierres gravées du duc d'Orléans, etc.

Treize dessins au crayon et à la plume.

DAULLÉ (J.)

160 — Baschi (Charles de), marquis d'Aubaïs, d'après Peroneau. Dessin fait pour la gravure.

Au lavis d'encre de Chine.

DE SÈVE

161 — Dessins d'animaux, pour l'histoire naturelle de Buffon.

Au lavis d'encre de Chine. Vingt et une pièces.

DESRAIS

162 — Scène de la Comédie italienne.

A la plume et sépia, rehaussé de blanc.

DIVERS

163 — En-tête avec armes d'évêque. — Tête d'homme par Demarcenay.

Trois dessins à l'encre de Chine.

164 — Petits dessins et croquis pour illustrations, par Gravelot, Saint-Aubin, Sueur, etc. 15 feuilles à la plume, au crayon et à la sanguine.

165 — Quatre dessins par J. Boilly, Pérignon, Cipriani, etc.

Aquarelles et sépias.

DIVERS

166 — Sous ce numéro il sera vendu par lots environ trente dessins par David, Desrais, le Rosso, Loutherbourg, Parrocel, Pierre, Fragonard, S. Rosa, Van der Meulen, Maes, Carrache, C. Maratte, etc.

DUNKER

167 — Scène des Métamorphoses d'Ovide.

A la gouache.

DURER (ALBERT) ?

168 — L'Adoration des Mages.

Beau dessin à la plume.

DUPLESSIS-BERTAUX

169 Scène de la Révolution.

A la plume et encre de Chine. A été gravé dans les tableaux de la Révolution.

ÉCOLE FRANÇAISE DU XVIIIe SIÈCLE

170 — Offrande à l'amour.

Aquarelle.

171 — Composition de trois figures, pour dessus de porte.

A crayon noir et blanc.

172 — Bacchantes.

A la plume et lavis de sépia.

173 — Portrait de Mathias Corvin.

Eau-forte lavée d'encre de Chine.

ÉCOLE ITALIENNE DU XVIIIe SIÈCLE

174 — Narcisse.

Beau dessin à la gouache. In-fol.

175 — Paysans italiens sur une place publique.

Aquarelle.

ÉCOLE ITALIENNE DU XVIᵉ SIÈCLE

176 — Etude de saint. A la plume.

FRAGONARD (A.)

177 — Henri IV et Sully.

A l'encre de Chine

GÉRARD (Mˡˡᵉ)

178 — Compositions allégoriques.

Trois dessins à l'encre de Chine, très finis.

GÉRICAULT

179 — Etudes pour le Naufrage de la Méduse.

Deux dessins à la plume.

DE GREBBER

180 — Scène biblique,

Beau dessin au lavis d'encre de Chine.

GREUZE (J.-B.)

181 — Etude de femme.

A la sanguine.

HUET (J.-B.)

182 — La Surprise, composition de trois figures dans un riche intérieur.

Très beau dessin à l'aquarelle.

LA RUE

183 — Fêtes triomphales.

Deux beaux dessins à la plume et lavis de bistre.

184 — Sacrifices.

Deux très jolis dessins à la plume, lavis d'encre de Chine.

LE BARBIER

185 — Génie couronnant un buste.

Dessin à l'encre de Chine, pour un frontispice de livre.

186 — Vestales offrant une couronne à la statue d'Apollon.

Au crayon noir, de forme ovale.

LE BOUTEUX

187 — Frontispice du deuxième volume des Chansons de La Borde, avec un portrait en médaillon de La Borde. A la plume.

Après la rupture de Moreau et de La Borde, ce dernier n'ayant pas de frontispice pour son livre, demanda à Le Bouteux, qui faisait les dessins du second volume, un projet de frontispice qui est celui-ci. Plus tard, Denon ayant dessiné le joli portrait à la lyre qui a été gravé par Masquelier, on substitua à La Borde le portrait bien connu de Marie-Antoinette et le frontispice fut gravé ainsi, comme titre du second volume.

LE CLERC

188 — Femme à sa toilette.

Aquarelle.

LÉLU (Pierre.)

189 — Allégories mythologiques.

Deux dessins de forme ronde, à la plume et lavis de bistre.

190 — Croquis de compositions historiques et mythologiques.

LE PRINCE

191 — Paysage ; dans le fond, une église.

Au crayon noir et encre de Chine.

192 — Mère de famille russe.

A la sépia.

193 — Scène russe.

A la sépia, accompagné de la gravure.

MARILLIER

194 — Encadrement du portrait du maréchal de Brissac.

Beau dessin au lavis d'encre de Chine. Signé.

MARTINI

195 — Dessin in-8, à la plume et au bistre, pour illustrer les Nouvelles françaises, de Dussieux. A été gravé par Gaucher.

MICHEL-ANGE ?

196 — Lutteurs.

Deux dessins à la plume et au lavis de bistre.

197 — Étude pour la figure de la Nuit du Tombeau des Médicis.

A la plume.

MICHEL-ANGE (d'après.)

198 — Fragment du Jugement dernier. Étude ancienne à la plume et lavis de bistre.

MOREAU (J.-M.)

199 — La Fête du Seigneur.

Très joli dessin à l'aquarelle pour les chansons de La Borde. Signé.

NATOIRE

200 — Paysage avec figures.

Aux crayons de couleur et lavis de bistre, signé et daté de Frascati, 1755.

NATTIER

201 — Études de femmes, pour portraits.

Deux dessins aux trois crayons.

NORBLIN

202 — Joseph vendu par ses frères.

Beau dessin à la plume et lavis d'encre de Chine, rehaussé de blanc.

REGNAULT (H.)

203 — Étude d'après l'antique.

Au crayon noir.

SAINT-AUBIN (Gabriel de.)

204 — Esther et Assuérus, d'après De Troy.

Beau dessin aux trois crayons.

SCHENAU

205 — Le Chariot renversé.

A la plume et lavis d'aquarelle, est accompagné de la gravure,

SCHULTZE

206 — Étude d'enfant.

Au lavis de bistre.

WATTEAU (Ant.

207 — Départ de cantinières.

Joli dessin en forme de frise, aux trois crayons.

Paris. — Typ. PILLET et DUMOULIN, 5, rue des Grands-Augustins.